国家出版基金项目
NATIONAL PUBLICATION FOUNDATION

"十四五"国家重点出版物出版规划

江口沉银
四川彭山江口古战场遗址
文物考古研究丛书

江口沉银遗址
出土金银器饰卷

四川省文物考古研究院
国家文物局考古研究中心　编
眉山市彭山区文物保护研究所

巴蜀书社

江口沉银

江口沉银

四川彭山江口古战场遗址文物考古研究丛书

编委会

总序

江口沉银遗址是中国百年来最为重要的明清时期考古发现。该遗址2005年被发现，随后公布为文物保护单位，2017年进行了首次考古发掘。考古工作者根据文献记载并结合出土实物，确认遗址的性质是明末张献忠大西军与杨展南明军于1646年发生江口之战的古代战场遗址，实证了张献忠江口沉银的传说。

江口沉银遗址出土了迄今为止数量最多的明代金银文物和大西政权文物，并且首次发现了张献忠册封妃嫔所用金册和明代藩王世子所用金印。遗址内出土文物的种类以金、银、铜、铁等金属材质为主，器物类型主要以金银货币、金银首饰和金银器具为主；这些器物年代从明代中期一直到明代晚期，延绵上百年的历史，同时也承载了跨越了明代大半个中国的地域信息。从等级上来看，这些文物不仅有张献忠大西政权和明代各地藩府的皇室珍藏，亦包含属于明代官府乃至平民的遗物，涵盖了明代社会的各个阶层。这批文物来源地域广泛，内涵非常丰富，涉及明代社会的政治、经济、历史、文化和军事等多个方面，是考古资料对明代社会最为全面的一次反映，尤其对研究明末清初的历史格局具有重要意义。

除此之外，江口沉银遗址因地处岷江与府河交汇处，扼进出成都水路之咽喉，历来为兵家必争之地。至明清时期，更发展成为一繁荣集市。因此在遗址中，除了与江口之战相关的文物被发现以外，还出土了大量上至西周、下至民国时期的历代文物，其中以先秦时期的青铜兵器、工具和战国至民国时期的历代钱币最具代表性，也不失为遗址内的又一类重要考古发现。

为认真落实《关于实施中华优秀传统文化传承发展工程的意见》《建设文化强省中长期规划纲要（2019–2025年）》《关于加强文物保护利用改革的实施意见》等中共四川省委、四川省人民政府关于文化建设的决策部署，进一步开发本省以文物为载体的丰富资源，繁荣和发展四川文化，四川省文物考古研究院推出的《江口沉银：四川彭山江口古战场遗址文物考古研究丛书》（以下简称“江口沉银”研究丛书），总结了江口沉银遗址的考古发掘工作，提供了最新最全的文物整理信息和保护研究成果。“江口沉银”研究丛书出版的意义主要体现在以下四个方面：

一是首次全面完整地展示了江口沉银遗址的考古研究成果，有利于促进四川地区明清考古工作的发展，提升四川地区内水考古工作水平，展示了四川田野考古的创新能力，显示了四川省对文化资源的高度重视和保护。

二是有利于推动明清史领域的相关研究。江口沉银遗址是中国明清时期的重大考古发现，为我们研究明末张献忠的历史传说提供了实物佐证，也为研究农民起义军的征战历史、政权建设和经济建设提供了海量原始资料，极大丰富了明代历史文化内涵；同时这些出土文物也对研究明代社会的政治经济状况和物质文化形态起到了重要作用，活化了明末四川历史场景。

三是展示了国内内水考古新理念和新技术的具体应用，是新时期考古发掘工作的典范。江口沉银遗址考古是一次传统与高科技手段相结合的考古发掘，开创了全新的考古工作类型。丛书中的科技考古篇章，总结了江口沉银遗址发掘的科技考古工作，如首创围堰考古的工作模式，以及在发掘过程中运用的地球物理探测、水文分析等科技手段。科技考古成果的出版，将为今后我国内河遗址的考古发掘，提供工作式范和经验借鉴。

四是实践了考古融入公众生活，与公众共享考古成果的理念。从江口沉银遗址考古发掘伊始，四川省文物考古研究院即向公众提供了参与本次考古发掘工作的机会，在国内首次面向全社会招募考古志愿者，并允许志愿者全程参与考古发掘。丛书中的公众考古篇章，即江口沉银遗址考古志愿者活动的成果体现。考古志愿者在公众与考古之间搭建了可以沟通的桥梁，让公众真正有机会认识考古并共享考古成果。

“江口沉银”研究丛书遵照“全面呈现、客观还原、注重创新、面向公众”的原则，将江口沉银遗址六个年度（2017–2022年）的考古发掘成果，进行整理研究和编辑出版。在“全面呈现、客观还原”的原则下，以图录的形式刊布考古基础材料，主要为典型器物的高清图片、线图、拓片、尺寸和重量等信息资料，由考古单位权威发布，及时向学界呈现江口沉银遗址出土文物的全貌。在“注重创新、面向公众”的原则下，运用新理念、新技术和新方法开展考古研究，同时也对公众考古工作进行了总结。

“江口沉银”研究丛书从考古资料公布、文物考古研究、科技考古和公众考古等多个角度，对江口沉银遗址的考古成果进行了较为完整系统的刊布，总计分为十卷。前五卷是《江口沉银遗址出土金银货币卷》《江口沉银遗址出土金银器饰卷》《江口沉银遗址出土历代钱币卷》《江口沉银遗址出土器物线图卷》和《江口沉银遗址公众考古卷》，主要为考古资料刊布；后五卷为《江口沉银遗址出土金银册宝研究》《江口沉银遗址出土金银器饰工艺研究》《江口沉银遗址出土金银货币研究》《江口沉银遗址出土历代钱币研究》和《江口沉银遗址地球物理探测与河流水文分析》，侧重于对遗址本体及出土文物的考古研究等。

“江口沉银”研究丛书的编撰启动于2021年，由四川省文物考古研究院组织北京大学、四川大学、电子科技大学、华东师范大学、中央民族大学、国家博物馆、国家文物局考古研究中心、中国地质调查局成都地质调查中心等单位的二十余位专家共同完成。丛书的出版得到了国家文物局、中共四川省委宣传部、四川省文化和旅游厅和四川省文物局的大力支持，得到了国内外诸多专家学者的指导和帮助，在编辑过程中巴蜀书社亦投入了大量的精力，在此一并表示衷心感谢。

唐飞

2023年3月1日

目录

序

江口沉银遗址位于四川省眉山市彭山区江口镇的岷江河道内，明末大西军领袖张献忠曾沉银于此，嘉庆年间修撰的《彭山县志》有云：“双江镇，在县东十里彭亡山下……明季杨展率兵拒张献忠，焚贼舟数百，珠宝金银悉沉水底，俱在此处。”而当地也一直流传着“石牛对石鼓，金银万万五，谁人识得破，买到成都府”的童谣，侧面讲述着这片水域下蕴藏的丰富文物，但由于文物深埋于江底，加上江水流动冲击的影响，遗址的确认和发掘均存在较大困难。直到2016年底，四川省文物考古研究院创造性地选择了有别于传统水下考古的方式，即围堰排水后再进行考古发掘，拉开了江口沉银遗址科学考古工作的序幕，国家文物局水下文化遗产保护中心、眉山市文物保护研究所、眉山市彭山区文物保护研究所等多家单位积极配合参与。自2017年1月5日，“江口沉银遗址”正式进行首次考古发掘开始，先后于2017年至2022年间进行5次考古发掘工作，累计发现出水文物7万余件。

明代出土、传世的金银器不少，但如此集中且大批量的发现，当属第一次。出水的这批金银器除了有藩王的日用、府藏外，更多的则是平民百姓的日用器物。据《蜀警录》记载“禁人带藏金银，有即赴缴，如隐留分厘金银或金银器物首饰，杀其一家，连坐两邻。于前门外铺草满地以收之，须臾，纽扣亦尽”，可见当时张献忠劫掠金银之多，分厘俱尽，也可解释为何这批文物不仅种类繁多，规格等级亦参差不齐。本书精选收录了263件出水金银器，包括服饰、首饰、器物三大类，涵盖帽顶、带銙、带扣、扣饰、钗环、手镯、戒指、杯、勺、锁、镜等，囊括了本次出水金银器中的常见种类。金银良好的延展性使得工匠在造型上有了更多的发挥空间，錾刻、累丝、镂空、镶嵌等成熟的技法运用其上，塑形精巧优美，纹样则多见表吉祥寓意的牡丹、梅花、荷花、灵芝、石榴、桃等花卉植物，龙、凤、麒麟等神兽以及仙人、吉语等，还常见较为固定的植物与动物的纹样组合，如“喜上梅梢”“蝶恋花”“满池娇”“二龙戏珠”等，是了解明代社会，尤其是女性生活和审美的重要文物。

习近平总书记在《建设中国特色中国风格中国气派的考古学，更好认识源远流长博大精深的中华文明》的文章中指出：“考古工作是展示和构建中华民族历史、中华文明瑰宝的重要工作。认识历史离不开考古学。”历史上，关于张献忠沉银是主动“埋宝”和战败被动“沉银”的两种说法一直存在，未有定论，直到江口沉银遗址发掘工作的全面展开，通过出水文物的情况，才合理推断出其沉银原因应与杨展“纵火大战，烧沉其舟”有关。这些文物不仅成为了历史的见证，更是中华灿烂文明的产物。现今学术界对明代金银器的研究器物多来源于上层社会的人群中，而江口除发现帽顶等规格较高的金银器外，还发现大量的平民用器，这对研究明代上至王侯下至百姓的完整社会阶层面貌是极为重要的实物材料。这些金银器作为触碰历史的媒介，透过它们可以看到明代社会的风貌画卷在眼前缓缓展开。

“我国古代历史还有许多未知领域，考古工作任重道远。要继续探索未知、揭示本源”，而江口沉银遗址的发掘工作还在继续，对江口沉银这段历史背后的探究亦将继续。

江口沉银

·遗址出土金银器饰卷·

锦绣璀璨
妆美人

首饰篇

金钗

金

长11.32厘米

宽0.92厘米

钗脚最大径0.13厘米

重10.27克

—

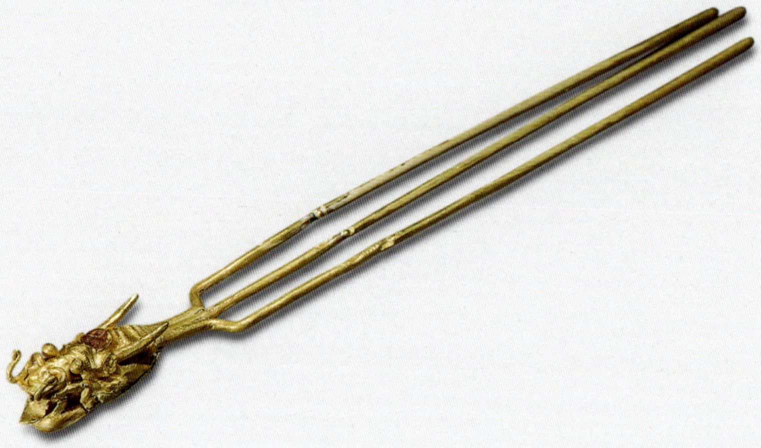

金钗

金

长8.34厘米

宽0.84厘米

钗脚最大径0.14厘米

重5.56克

—

金钗

金

长4.91厘米
宽1.14厘米
钗脚最大径0.13厘米
重11.08克
—

金钗

金

长10.73厘米

宽1.21厘米

钗脚最大径0.17厘米

重16.24克

—

金钗

金

长9.71厘米
宽1.53厘米
钗脚最大径0.17厘米
重9.52克
—

金簪

金

长10.62厘米

宽1.72厘米

簪脚宽0.55厘米、厚0.11厘米

重8.70克

—

金簪

金

长12.80厘米

宽1.05厘米

簪脚最大径0.60厘米

重14.20克

—

金簪

金

长12.22厘米
宽1.36厘米
簪脚最大径0.49厘米
重28.07克
—

金簪

金

长14.17厘米
宽1.11厘米
簪脚最大径0.30厘米
重15.19克
—

金簪

金

长12.51厘米

宽2.34厘米

簪脚最大径0.45厘米

重18.82克

—

金簪

金

长9.43厘米
宽1.30厘米
簪脚最大径0.25厘米
重7.21克
—

金簪

金

长9.49厘米
宽1.56厘米
簪脚最大径0.34厘米
重13.55克
—

金簪

金

长12.57厘米

宽0.52厘米

簪脚最大径0.57厘米

重17.49克

—

金簪

金

长8.20厘米
宽0.35厘米
簪脚最大径0.39厘米
重5.70克
—

金簪

金

长13.71厘米
宽1.74厘米
簪脚最大径0.96厘米
重86.19克
—

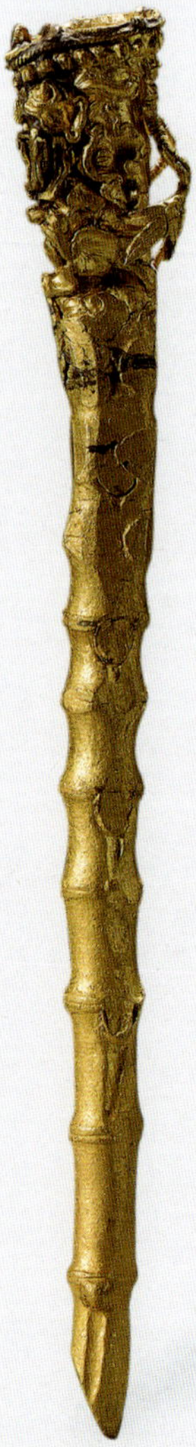

金簪

金

长11.10厘米
宽0.46厘米
簪脚最大径0.47厘米
重17.69克
—

金簪

金

长11.12厘米

宽1.39厘米

重13.08克

—

金簪

金

长13.47厘米

宽0.70厘米

簪脚最大径0.52厘米

重44.90克

—

金簪

金

长11.99厘米

宽1.18厘米

簪脚最大径0.72厘米

重77.35克

—

金簪

金

长11.63厘米
宽0.89厘米
簪脚最大径0.53厘米
重32.64克
—

金簪

金

长12.43厘米

宽1.64厘米

厚0.05厘米

重9.34克

—

金簪

金

长12.33厘米

宽1.04厘米

厚0.21厘米

重9.22克

—

金簪

金

长2.71厘米
宽2.23厘米
高0.82厘米
重8.47克
—

金簪

金

长5.64厘米

宽4.66厘米

高1.08厘米

重17.72克

—

金簪

金

长3.05厘米
宽1.64厘米
高0.36厘米
重4.02克
—

银钗

银

长9.20厘米
宽1.72厘米
钗脚最大径0.16厘米
重11.12克
—

银簪

银

长9.85厘米
宽4.00厘米
高1.04厘米
重22.88克
—

银簪

银

长10.44厘米
宽1.46厘米
簪脚最大径0.32厘米
重7.86克
—

银簪

银

长10.42厘米
宽1.18厘米
簪脚最大径0.49厘米
重16.37克
—

银簪

银

长9.67厘米
宽1.66厘米
簪脚最大径0.36厘米
重9.95克
—

银簪

银

长9.70厘米
宽1.96厘米
簪脚最大径0.29厘米
重9.38克
—

银簪

银

长11.25厘米

宽3.31厘米

簪脚最大径0.45厘米

重10.74克

—

银簪

银

长10.09厘米
宽1.74厘米
簪脚最大径0.36厘米
重19.86克
—

银簪

银

长10.84厘米

宽1.54厘米

簪脚最大径0.37厘米

重10.56克

—

银簪

银

长12.80厘米
宽1.88厘米
簪脚最大径0.55厘米
重28.22克
—

银簪

银

长11.40厘米

宽0.88厘米

簪脚最大径0.30厘米

重12.16克

—

银簪

银

长10.41厘米
宽1.25厘米
簪脚最大径0.48厘米
重11.08克
—

银簪

银

长8.92厘米
宽0.90厘米
簪脚最大径0.44厘米
重7.07克
—

银簪

银

长11.13厘米
宽0.88厘米
簪脚最大径0.70厘米
重18.67克
—

银簪

银

长6.18厘米

宽1.01厘米

簪脚最大径0.35厘米

重8.86克

—

银簪

银

长10.59厘米
宽1.38厘米
簪脚宽0.74厘米
重10.69克
—

银簪

银

长7.50厘米

宽1.51厘米

簪脚最大径0.35厘米

重6.30克

—

银簪

银

长12.08厘米

宽1.25厘米

簪脚最大径0.56厘米

重19.42克

—

银簪

银

长14.32厘米

宽1.92厘米

簪脚最大径0.45厘米

重22.83克

—

银簪

银

长9.72厘米

宽1.48厘米

簪脚最大径0.27厘米

重6.55克

—

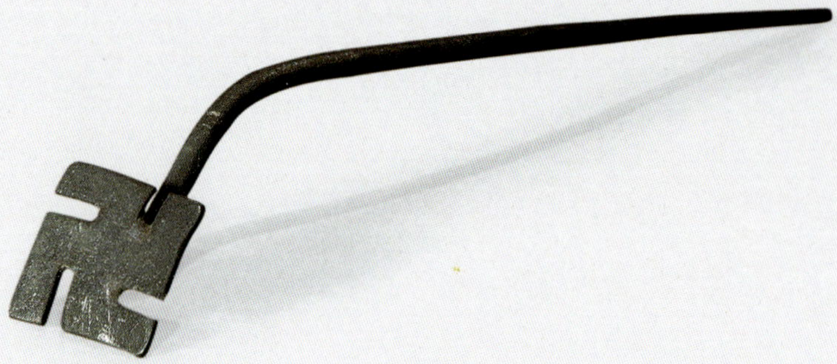

银簪

银

长8.67厘米

宽0.98厘米

簪脚最大径0.23厘米

重4.45克

—

银簪

银

长10.15厘米

宽0.93厘米

簪脚最大径0.23厘米

重4.43克

—

银簪

银

长9.85厘米
最大径0.85厘米
重18.81克
—

银簪

银

长9.89厘米

最大径0.55厘米

重6.17克

—

银簪

银

长14.50厘米
宽0.94厘米
簪脚最大径0.48厘米
重27.25克
—

银簪

银

长10.15厘米
最大径0.53厘米
重11.39克
—

银簪

银

长7.91厘米
宽0.69厘米
高0.35厘米
重3.39克
—

银簪

银

长4.69厘米
宽3.33厘米
高0.11厘米
重6.49克
—

金耳坠

金

长5.46厘米
耳坠长2.07厘米，宽1.34厘米
坠脚最大径0.23厘米
重5.87克
—

金耳坠

金

长5.42厘米
耳坠长1.34厘米，宽0.83厘米
坠脚最大径0.20厘米
重3.83克
—

金耳坠

金

长4.49厘米
耳坠长2.39厘米，宽0.96厘米
坠脚最大径0.17厘米
重3.30克
—

金耳坠

金

长3.74厘米
耳坠长1.84厘米，宽1.34厘米
坠脚最大径0.13厘米
重2.10克
—

金耳坠

金

长3.65厘米
耳坠长1.87厘米，宽1.08厘米
坠脚最大径0.10厘米
重1.93克
—

金耳坠

金

长3.60厘米
耳坠长1.16厘米，宽0.95厘米
坠脚最大径0.23厘米
重3.10克
—

金耳坠

金

长3.40厘米
耳坠长0.79厘米，宽0.56厘米
坠脚最大径0.12厘米
重1.45克
—

金耳坠

金

长2.99厘米
耳坠长1.32厘米，宽0.81厘米
坠脚最大径0.14厘米
重1.68克
—

金耳坠

金

长3.70厘米

耳坠长1.55厘米，宽0.79厘米

坠脚最大径1.36厘米

重3.13克

—

金耳坠

金

长4.82厘米
耳坠长2.31厘米，宽1.05厘米
坠脚最大径0.23厘米
重4.98克
—

金耳坠

金

长3.35厘米

耳坠长1.48厘米，宽0.94厘米

坠脚最大径0.17厘米

重1.78克

—

金耳坠

金

长2.98厘米
耳坠长1.32厘米，宽0.81厘米
坠脚最大径0.09厘米
重1.63克
—

金耳环

金

长1.73厘米
环首最大径0.49厘米
环脚最大径0.10厘米
重1.99克
—

金耳环

金

（左）
长2.27厘米
环首长1.02厘米，宽0.52厘米
环脚最大径0.16厘米
重3.09克

（右）
长2.34厘米
环首长0.82厘米，宽0.50厘米
环脚最大径0.13厘米
重3.05克
—

金耳环

金

长4.11厘米
环首长3.52厘米，宽2.16厘米
环脚最大径0.15厘米
重9.51克
—

金耳环

金

长4.07厘米
环首长2.48厘米，宽1.08厘米
环脚最大径0.23厘米
重4.57克
—

金耳环

金

长2.84厘米
环首最大径0.99厘米
环脚最大径0.22厘米
重2.09克
—

金耳环

金

长3.62厘米

环首最大径0.68厘米

环脚最大径0.36厘米

重7.41克

—

金耳环

金

长3.24厘米
环首最大径0.69厘米
环脚最大径0.21厘米
重3.08克

—

银耳坠

银

长2.15厘米

坠首长0.91厘米，宽0.66厘米

坠脚最大径0.13厘米

重1.40克

—

银耳坠

银

（左）
长3.74厘米
坠首长1.94厘米，宽1.46厘米
坠脚最大径0.10厘米
重1.36克

（右）
长3.6厘米
坠首长1.95厘米，宽1.46厘米
坠脚最大径0.11厘米
重1.38克
—

银耳环

银

长3.67厘米

环首长1.49厘米，宽0.73厘米

环脚最大径0.42厘米

重7.26克

—

银耳环

银

长3.96厘米
环首长1.45厘米，宽0.89厘米
环脚最大径0.34厘米
重4.28克
—

银耳环

银

长3.80厘米
环首最大径1.30厘米
环脚最大径0.36厘米
重4.67克
—

银耳环

银

长3.69厘米
环首长1.37厘米，宽0.75厘米
环脚最大径0.39厘米
重4.49克
—

金手镯

金

最大径6.96厘米
厚0.45厘米
重36.19克
—

金手镯

金

最大径8.71厘米
厚0.83厘米
重185.36克

—

金手镯

金

最大径6.99厘米

厚0.47厘米

重41.8克

—

金手镯

金

（左）
最大径4.51厘米
厚0.33厘米
重17.53克

（右）
最大径4.61厘米
厚0.35厘米
重18.27克
—

金手镯

金

最大径7.60厘米

宽0.99厘米

高0.30厘米

重95.04克

—

金手镯

金

最大径5.34厘米
宽1.17厘米
高0.33厘米
重86.93克
—

金手镯

金

（左）
最大径7.23厘米
宽1.35厘米
高0.60厘米
重112.37克

（右）
最大径7.17厘米
宽1.36厘米
高0.68厘米
重112.27克
—

金手镯

金

最大径7.47厘米
宽1.60厘米
高0.45厘米
重109.06克
—

金手镯

金

（左）
最大径7.08厘米
宽1.19厘米
高0.42厘米
重113.54克

（右）
最大径8.20厘米
宽1.08厘米
高0.52厘米
重103.62克
—

金手镯

金

最大径4.81厘米
宽0.65厘米
高0.17厘米
重16.00克
—

金手镯

金

最大径9.65厘米
宽0.95厘米
高0.31厘米
重68.31克
—

金手镯

金

（左）
最大径6.72厘米
宽1.01厘米
高0.40厘米
重71.40克

（右）
最大径6.61厘米
宽1.07厘米
高0.38厘米
重73.93克
—

金手镯

金

最大径12.18厘米
宽0.90厘米
高0.23厘米
重17.02克

金
康
玉
玉
堂

金手镯

金

最大径6.82厘米
宽1.44厘米
高0.22厘米
重35.63克
—

金手镯

金

最大径6.91厘米
宽1.44厘米
高0.23厘米
重35.61克
—

寧
康

金手镯

金

最大径4.58厘米
宽3.44厘米
高0.12厘米
重13.71克
—

金手镯

金

最大径5.33厘米
宽2.37厘米
高0.12厘米
重25.22克
—

金手镯

金

最大径6.03厘米
宽0.62厘米
高0.25厘米
重30.19克
—

金手镯

金

最大径7.12厘米
宽0.98厘米
高0.28厘米
重59.37克

—

金手镯

金

最大径8.61厘米

宽1.33厘米

高0.18厘米

重69.88克

—

金手镯

金

最大径10.71厘米
宽1.15厘米
高0.36厘米
重88.01克
—

银手镯

银

最大径8.48厘米
厚1.08厘米
重146.26克
—

银手镯

银

（左）
最大径4.73厘米
厚0.36厘米
重10.80克

（右）
最大径4.86厘米
厚0.36厘米
重11.09克
—

银手镯

银

（左下）
最大径7.21厘米
厚0.93厘米
重72.75克

（右上）
最大径7.13厘米
厚0.70厘米
重72.05克
—

银手镯

银

最大径6.72厘米
宽0.61厘米
厚0.49厘米
重43.47克
—

银手镯

银

最大径8.44厘米
厚0.65厘米
重76.45克

—

银手镯

银

最大径9.26厘米
宽1.13厘米
厚1.24厘米
重167.46克
—

银手镯

银

最大径10.17厘米
宽2.24厘米
高1.35厘米
重110.96克
—

银手镯

银

最大径6.31厘米
宽1.37厘米
高0.40厘米
重74.45克
—

银手镯

银

最大径6.71厘米
宽1.33厘米
高0.47厘米
重99.14克
—

银手镯

银

最大径7.35厘米
宽1.02厘米
高0.34厘米
重51.78克
—

金戒

金

最大径2.44厘米
戒面长1.38厘米，宽1.09厘米
戒环宽0.39厘米
重7.53克
—

金戒

金

（左）
最大径1.48厘米
戒面长0.83厘米，宽0.74厘米
戒环宽0.22厘米
重2.18克

（右）
最大径1.81厘米
戒面长0.75厘米，宽0.36厘米
戒环宽0.23厘米
重2.37克
—

金戒

金

最大径2.04厘米
戒面长1.08厘米，宽0.79厘米
戒环宽0.17厘米
重2.95克
—

金戒

金

最大径2.39厘米
戒面最大径1.09厘米
戒环宽0.4厘米
重7.24克
—

金戒

金

最大径1.86厘米
戒面最大径1.37厘米
戒环宽0.37厘米
重3.71克
—

金戒

金

最大径2.13厘米
戒面长1.70厘米，宽1.22厘米
戒环宽0.51厘米
重4.00克
—

金戒

金

最大径1.97厘米
戒面最大径1.00厘米
戒环宽0.34厘米
重3.76克
—

金戒

金

最大径1.49厘米
戒面最大径1.15厘米
戒环宽0.32厘米
重2.55克
—

金戒

金

最大径1.82厘米
戒面最大径1.11厘米
戒环宽0.22厘米
重3.83克
—

金戒

金

最大径1.61厘米
戒面最大径0.92厘米
戒环宽0.22厘米
重2.53克
—

金戒

金

最大径1.74厘米
戒面长1.23厘米，宽0.83厘米
戒环宽0.23厘米
重1.95克
—

金戒

金

最大径1.97厘米
戒面长1.27厘米，宽0.73厘米
戒环宽0.30厘米
重4.03克
—

金戒

金

最大径2.00厘米
戒面长1.28厘米，宽0.86厘米
戒环宽0.21厘米
重2.76克
—

金戒

金

最大径1.91厘米
戒面长1.76厘米，宽0.68厘米
戒环宽0.32厘米
重3.12克
—

金戒

金

最大径1.67厘米
戒面长1.25厘米，宽0.62厘米
戒环宽0.32厘米
重2.63克
—

金戒

金

最大径1.92厘米
戒面长1.54厘米，宽0.77厘米
戒环宽0.24厘米
重2.71克
—

金戒

金

最大径1.81厘米
戒面长1.25厘米，宽0.88厘米
戒环宽0.25厘米
重2.28克
—

金戒

金

最大径1.84厘米
戒面长1.28厘米，宽1.01厘米
戒环宽0.30厘米
重3.73克
—

金戒

金

最大径1.81厘米
戒面长1.42厘米，宽0.73厘米
戒环宽0.25厘米
重2.65克
—

金戒

金

最大径1.59厘米
戒面长1.52厘米，宽1.05厘米
戒环宽0.36厘米
重2.65克
—

金戒

金

最大径1.84厘米

戒面长1.54厘米，宽0.71厘米

戒环宽0.19厘米

重2.33克

—

金戒

金

最大径1.75厘米
戒面长1.47厘米，宽0.62厘米
戒环宽0.23厘米
重2.44克
—

金戒

金

最大径1.79厘米
戒面长1.50厘米，宽0.51厘米
戒环宽0.20厘米
重2.01克
—

金戒

金

（左）
最大径1.91厘米
戒面长1.40厘米，宽0.34厘米
戒环宽0.16厘米
重2.16克

（右）
最大径2.06厘米
戒面长1.49厘米，宽0.37厘米
戒环宽0.17厘米
重2.45克
—

金戒

金

最大径1.66厘米
戒面最大径0.87厘米
戒环宽0.29厘米
重2.05克

—

金戒

金

最大径1.83厘米

戒面最大径0.92厘米

戒环宽0.31厘米

重3.02克

—

金戒

金

（左）
最大径2.08厘米
戒面长1.14厘米，宽0.44厘米
戒环宽0.35厘米
重3.27克

（右）
最大径2.02厘米
戒面长1.08厘米，宽0.41厘米
戒环宽0.27厘米
重2.31克
—

金戒

金

通长8.02厘米
重13.22克
—

银戒

银

最大径2.03厘米
戒面长1.34厘米，宽0.78厘米
戒环宽0.41厘米
重5.43克

—

银戒

银

最大径1.88厘米
戒面最大径1.15厘米
戒环宽0.25厘米
重4.96克
—

银戒

银

（左）
最大径2.69厘米
戒面长1.10厘米，宽1.03厘米
戒环宽0.17厘米
重4.98克

（右）
最大径2.52厘米
戒面长1.13厘米，宽1.23厘米
戒环宽0.13厘米
重4.99克
—

银戒

银

最大径2.17厘米
戒面最大径0.95厘米
戒环宽0.36厘米
重3.46克
—

银戒

银

最大径2.30厘米
戒面最大径1.31厘米
戒环宽0.22厘米
重7.58克

—

银戒

银

最大径1.97厘米
戒面最大径1.12厘米
戒环宽0.37厘米
重4.79克
—

银戒

银

最大径1.86厘米
戒面长1.42厘米，宽1.19厘米
戒环宽0.30厘米
重3.85克

—

银戒

银

最大径1.67厘米
戒面最大径1.27厘米
戒环宽0.47厘米
重3.56克
—

银戒

银

最大径1.68厘米
戒面长0.87厘米，宽0.60厘米
戒环宽0.26厘米
重1.84克

—

银戒

银

（左）
最大径2.21厘米
戒面边长1.11厘米
戒环宽0.44厘米
重4.96克

（右）
最大径1.89厘米
戒面边长1.01厘米
戒环宽0.43厘米
重5.12克
—

银戒

银

最大径1.94厘米
戒面长0.98厘米，宽0.59厘米
戒环宽0.51厘米
重1.61克
—

银戒

银

最大径1.85厘米
戒面长1.72厘米，宽0.77厘米
戒环宽0.30厘米
重2.93克

银戒

银

最大径2.24厘米
戒面长1.94厘米，宽1.60厘米
戒环宽0.55厘米
重7.17克
—

江口沉银

·遗址出土金银器饰卷·

金昭银辉 饰周身

服饰篇

金帽顶

金

高6.57厘米

直径6.00厘米

重20.22克

—

金帽顶

金

高8.16厘米
直径6.28厘米
重37.72克

—

金帽顶

金

高7.69厘米

直径7.10厘米

镂空球直径1.95厘米

重43.73克

—

金帽顶

金

高8.18厘米
直径6.10厘米
镂空球直径1.77厘米
银链长5.02厘米
重35.91克
—

金带扣

金

长4.30厘米
宽2.37厘米
厚0.15厘米
重12.15克
—

金带扣

金

长4.35厘米

宽1.85厘米

厚0.14厘米

重13.05克

—

金带扣

金

长4.10厘米

宽3.37厘米

厚0.62厘米

重37.92克

—

银带扣

银

长4.07厘米
宽1.77厘米
厚0.19厘米
重12.55克

—

银带扣

银

长5.46厘米

宽2.42厘米

厚0.22厘米

重22.77克

—

银带扣

银

长5.05厘米
宽2.17厘米
厚0.27厘米
重19.20克

—

银带扣

银

长6.31厘米
宽3.28厘米
厚0.23厘米
重32.34克

—

银带扣

银

长6.68厘米

宽3.92厘米

厚0.27厘米

重28.21克

—

银带扣

银

长6.01厘米
宽3.19厘米
厚0.23厘米
重24.75克
—

银带扣

银

长5.61厘米
宽1.95厘米
厚0.24厘米
重19.19克
—

银带扣

银

长5.56厘米

宽1.89厘米

厚0.24厘米

重18.13克

一

银带扣

银

长6.26厘米
宽2.96厘米
厚0.16厘米
重15.66克
—

金带銙

金

直径4.30厘米
厚1.12厘米
重29.74克
—

金带銙

金

长8.13厘米
直径5.24厘米
厚1.60厘米
重32.28克
—

银带銙

银

长6.21厘米

宽2.15厘米

厚0.90厘米

重38.66克

—

银带銙

银

长6.31厘米
宽2.87厘米
厚1.03厘米
重36.63克
—

金扣

金

长11.54厘米

宽2.29厘米

重47.77克

—

金扣

金

长12.42厘米

宽3.06厘米

重46.55克

—

金扣

金

长6.71厘米
宽1.86厘米
重22.71克
—

金扣

金

长3.85厘米
宽1.71厘米
重14.65克
—

金扣

金

长14.3厘米

宽3.22厘米

重46.61克

—

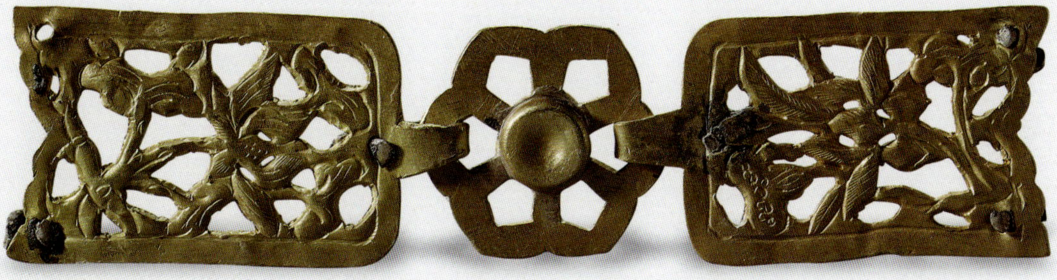

金扣

金

长7.37厘米
宽3.46厘米
重26.98克
—

金扣

金

长5.92厘米

宽3.46厘米

重23.68克

—

金扣

金

长7.25厘米

宽3.48厘米

重48.25克

—

金扣

金

长9.72厘米
宽1.60厘米
重45.47克
—

金扣

金

长5.90厘米
宽1.93厘米
重20.83克
—

金扣

金

长4.57厘米
宽1.90厘米
重11.67克
—

金扣

金

长5.52厘米
宽2.08厘米
重17.25克

—

金扣

金

长5.81厘米
宽1.89厘米
重21.27克
—

金扣

金

长14.05厘米
宽2.30厘米
重51.86克
—

银扣

银

长6.38厘米
宽3.89厘米
重17.68克

银扣

银

长10.77厘米
宽1.78厘米
重53.12克
—

银扣

银

长10.72厘米

宽1.85厘米

重36.08克

—

银扣

银

长11.92厘米

宽2.23厘米

重35.00克

—

银扣

银

长12.77厘米
宽2.80厘米
重50.70克
—

银扣

银

长5.70厘米

宽1.95厘米

重17.59克

—

银扣

银

长4.03厘米
宽1.63厘米
重8.99克
—

银扣

银

长6.45厘米
宽2.51厘米
重37.87克
—

银扣

银

长10.21厘米
宽2.20厘米
重34.94克

—

银扣

银

长9.92厘米
宽2.12厘米
重35.63克
—

金纽扣

金

长2.1厘米

宽1.63厘米

厚0.48厘米

重2.73克

—

金纽扣

金

长2.34厘米
宽1.85厘米
厚0.44厘米
重2.59克
—

金纽扣

金

长2.11厘米
宽2.79厘米
厚0.27厘米
重2.83克
—

金纽扣

金

长1.64厘米
宽3.00厘米
厚0.37厘米
重3.26克
—

金纽扣

金

长1.91厘米
宽1.18厘米
厚0.30厘米
重1.01克
一

金纽扣

金

长2.94厘米
宽1.80厘米
厚0.44厘米
重4.61克
—

金纽扣

金

长2.17厘米

宽1.36厘米

厚0.22厘米

重3.24克

—

金纽扣

金

长1.96厘米
宽1.26厘米
厚0.21厘米
重2.14克
—

金纽扣

金

长2.09厘米
宽2.03厘米
厚0.63厘米
重3.58克
—

金纽扣

金

长1.69厘米
宽1.04厘米
厚0.11厘米
重1.48克
—

银纽扣

银

长2.50厘米
宽1.80厘米
厚0.13厘米
重2.20克
—

银纽扣

银

长3.08厘米
宽1.71厘米
厚0.18厘米
重4.15克
—

银纽扣

银

长2.71厘米
宽2.17厘米
厚0.20厘米
重2.99克
—

银纽扣

银

长3.86厘米
宽2.40厘米
厚0.12厘米
重5.22克
—

银纽扣

银

长3.36厘米
宽1.95厘米
厚0.13厘米
重4.55克
—

银纽扣

银

长2.32厘米
宽1.69厘米
厚0.14厘米
重2.83克
—

银纽扣

银

长2.35厘米

宽1.62厘米

厚0.14厘米

重2.67克

—

银纽扣

银

长2.38厘米
宽1.73厘米
厚0.16厘米
重2.11克
—

银纽扣

银

长2.15厘米
宽2.20厘米
厚0.26厘米
重3.28克
—

银纽扣

银

长1.89厘米
宽1.76厘米
厚0.13厘米
重1.04克
—

银纽扣

银

长2.65厘米
宽2.43厘米
厚0.17厘米
重4.92克
—

银纽扣

银

长2.37厘米
宽1.88厘米
厚0.12厘米
重2.64克
—

银纽扣

银

长2.49厘米
宽1.90厘米
厚0.10厘米
重2.17克
—

银纽扣

银

长2.18厘米
宽1.05厘米
厚0.27厘米
重1.82克
—

银纽扣

银

长2.31厘米
宽1.85厘米
厚0.29厘米
重1.80克
—

银纽扣

银

长3.07厘米
宽2.11厘米
厚0.48厘米
重6.16克
—

银纽扣

银

长2.17厘米
宽2.16厘米
厚0.76厘米
重4.33克
—

银纽扣

银

长2.34厘米

宽1.91厘米

厚0.82厘米

重3.85克

—

银纽扣

银

长2.17厘米

宽2.45厘米

厚0.87厘米

重4.80克

—

江口沉银

·遗址出土金银器饰卷·

杯盏觥筹
撷珍奇

器物篇

金杯

金

长10.50厘米
宽7.40厘米
高4.50厘米
重85.44克

—

金杯

金

高5.78厘米

口径5.97厘米

底径3.13厘米

重64.83克

—

金杯

金

高4.48厘米
口径5.92厘米
底径3.39厘米
重96.88克
—

金杯

金

高3.10厘米
口径7.00厘米
底径4.00厘米
重80.67克
—

金杯

金

高3.17厘米
口径10.45厘米
底径2.40厘米
重85.58克

—

银杯

银

高5.10厘米
口径7.86厘米
底径6.01厘米
重116.51克
—

银杯

银

高4.20厘米

口径6.77厘米

底径5.52厘米

重93.39克

—

银杯

银

高2.70厘米
口径5.17厘米
底径3.44厘米
重55.56克

—

银杯

银

高3.30厘米

口径4.68厘米

底径2.19厘米

重39.19克

—

金勺

金

长13.73厘米
宽1.18厘米
重8.53克
—

银勺

银

长11.07厘米
宽1.41厘米
重7.96克
—

银箸

银

长15.45厘米
最大径0.61厘米
重38.56克
—

金锁

金

长3.85厘米
宽0.86厘米
高2.31厘米
重14.54克

—

金锁

金

长2.04厘米
宽1.34厘米
厚0.06厘米
重2.08克
—

金锁

金

长2.07厘米
宽0.81厘米
高1.66厘米
重12.49克
—

银锁

银

长3.17厘米
宽2.30厘米
厚0.12厘米
重6.06克
—

银刀镡

银

最大径8.77厘米

厚0.39厘米

重175.19克

—

银镜

银

最大径9.68厘米
厚0.43厘米
重219.77克
—

银三事

银

长5.71厘米

宽3.01厘米

重5.51克

—

银三事

银

长20.66厘米
盒长7.57厘米，宽1.29厘米，高1.28厘米
链环直径0.92厘米
重18.36克
—

后记

文物是历史的见证，它可以从不同的侧面反映历史时期人们的意识形态、社会关系等。与人们日常联系紧密的器物和饰品无疑是一个很好的参照物，而江口沉银遗址由于独特的历史背景和埋藏环境，集中且大量地出土了琳琅满目的金银器饰，这些器饰参与了“攘袖见素手，皓腕约金环”，也见证了“杯邀月影临花醉”，从首饰、服饰及器具等多方面，为我们缓缓打开了描绘明代晚期社会风貌画卷的一角。

本书挑选出256件器饰，尽可能地包含了出土金银器饰的所有种类。如何使这本图录在兼具观赏性的同时，更科学地刊布考古材料是摆在我们面前的难题之一。经过多次协商，我们选择依据江口沉银出土金银器饰的考古学分型定式标准，对这本书进行排序。例如对簪钗、耳饰等采用先分器首、后排器脚的方式进行排序，手镯则先以整体形态的柱状和条状进行区分，再根据镯首的纹饰进一步细分。图录中的文物本来应该以原始大小直观呈现给读者，但考虑出土金银器饰大小的参差，在经过数次比对后，我们将除耳环、耳坠、戒指、纽扣外的其他文物按原始大小进行刊布，而耳环和耳坠放大1.5倍、戒指和纽扣放大2.5倍的方式呈现，希望在让读者欣赏器物之美的同时，亦能给研究者提供一定的参考。

江口沉银遗址是中国百年百大考古发现之一，自启动发掘以来，已有六年的光阴。奋战在一线的考古工作人员，把汗水挥洒在了这片凝聚历史的土地上，是他们的辛勤工作，为本图录的出现奠定了基础。目前，江口沉银博物馆正在建设中，在不久的将来，江口沉银遗址出土的文物将以崭新的面貌出现在岷江与府河交汇的三角洲上。

书中的基础资料由四川大学的何枫杨女士负责整理完成，文物照片由四川省文物考古研究院的鲁海子先生拍摄。本书的出版得到国家文物局、中共四川省委宣传部、四川省文化和旅游厅、四川省文物局的支持和诸多专家学者的指导与帮助。在此，向关心支持本书出版的单位和工作人员，表示由衷的感谢。

图书在版编目（CIP）数据

江口沉银 : 四川彭山江口古战场遗址文物考古研究丛书. 江口沉银遗址出土金银器饰卷 / 四川省文物考古研究院, 国家文物局考古研究中心, 眉山市彭山区文物保护研究所编. -- 成都 : 巴蜀书社, 2023.6

ISBN 978-7-5531-1834-5

Ⅰ. ①江… Ⅱ. ①四… ②国… ③眉… Ⅲ. ①古战场—文化遗址—考古发掘—研究—眉山—明代②金银器(考古)—研究—眉山—明代 Ⅳ. ①K878.04②K876.434

中国版本图书馆CIP数据核字(2022)第197938号

JIANGKOU CHENYIN YIZHI CHUTU JINYIN QISHI JUAN

江口沉银遗址出土金银器饰卷

四川省文物考古研究院　国家文物局考古研究中心　眉山市彭山区文物保护研究所　编

策　　划	周　颖　吴焕姣
责任编辑	吴焕姣　杨梦潇
封面设计	李中果
内文设计	四川胜翔数码印务设计有限公司
出　　版	巴蜀书社
	四川省成都市锦江区三色路238号新华之星A座36楼　邮编：610023
	总编室电话：（028）86361843
网　　址	www.bsbook.com
发　　行	巴蜀书社
	发行科电话：（028）86361852
经　　销	新华书店
印　　刷	雅昌文化（集团）有限公司
版　　次	2023年6月第1版
印　　次	2023年6月第1次印刷
成品尺寸	210mm × 285mm
印　　张	18.5
字　　数	250千
书　　号	ISBN 978-7-5531-1834-5
定　　价	480.00元